# MAPA DEL ESCRITOR

Cofre de Herramientas 2020
 Mapa del escritor.
Ilustraciones: freepik.es

Primera edición
ISBN: 9798585465659
Sello: Independently published

# ÍNDICE

# PUNTO DE PARTIDA

Si tienes este libro delante de ti es porque eres escritor o quieres serlo.
Aquí está la respuesta para llegar a la meta de todo Autor.
Contar una buena historia.

Para comenzar a escribir un libro, pero sobre todo lograr terminarlo, la herramienta principal la puedes adquirir completamente gratis, y la encuentras en ti. Disciplina. Si, lo sé, has escuchado y leído esto en cientos de lugares, pero la verdad querido escritor es que: Nada en la vida se logra solo soñando o teniendo muy buenas intenciones. Si en tu mente y corazón existe un objetivo o sueño, el único modo de lograrlo es con acciones. Anhela todo lo que quieras, pero mientras lo haces también actúa.

Ahora, ya con los pies en la tierra, vas a hacer un pequeño viaje al mundo de las ideas e imagina que eres un cartógrafo del siglo XVIII. Debes trazar un mapa del tesoro con sumo detalle ya que este es de tu propiedad y nadie más que tu sabe cómo encontrarlo.
Para escribir un libro de ficción o no ficción lo primero que se necesita es una idea. Tomate tu tiempo para encontrarla...

Listo. Ya la tienes, estas en el punto de partida. Si no es así, despreocúpate. Aquí también encontraras diferentes formas para encender esa primera chispa. Pero supongamos que esa idea ya existe, es más, incluso tienes de dónde escoger, ya que muchas buenas ideas terminan en el baúl del olvido por un virus llamado "bloqueo del escritor".

Si te ha pasado seguramente has sufrido sus efectos secundarios: Ansiedad por el trabajo no terminado, rendición, frustración, enojo consigo mismo, entre otros. Déjame confesarte que no eres el único al que le pasa, es algo muy común,  sobre todo en escritores noveles,

y esto se da mayormente por no tener la historia planeada.

Existen dos tipos de escritores generalmente reconocidos como: Escritor de brújula y escritor de mapa.

El escritor de brújula: es aquel que se guía solo por la inspiración. No reflexiona mucho sobre la idea inicial, solo escribe y deja que las cosas fluyan. Generalmente este tipo de escritura la emplean autores con gran experiencia o se usa para relatos cortos, cuentos, o cualquier formato que no requiera descripciones profundas en los personajes, escenarios o acontecimientos.

Y finalmente el que más nos interesa. El escritor de mapa es aquel que planea cada detalle de su historia. Alguien que sabe todo lo que va a pasar de principio a fin, incluso, conoce características que el lector tal vez nunca pueda saber, pero que son los pilares de la historia.

Teniendo claro lo anterior, voy a suponer que tienes algunas preguntas. ¿Cómo se hace un mapa? O ¿Cómo se planea una historia? Pueden ser algunas de ellas, y si somos honestos, en internet puedes encontrar montones de formas para llevarlo a cabo. El problema surge cuando la información te inunda. Tienes tanto que no sabes por donde comenzar, y en algunas ocasiones puedes encontrar la enfermedad dentro de la cura y sufrir "el bloqueo del escritor" tratando de diseñar un mapa.

La buena noticia es que en este libro podrás hacerlo fácilmente con ayuda de preguntas, frases, conceptos y concejos recopilados especialmente para ayudarte a terminar esa historia que lleva viviendo encerrada en tu mente sin encontrar la forma de salir.

Por último, déjame darte el primer consejo.

Antes de sentarte a escribir, respira profundo y deja la ansiedad a un lado, si llegas a un punto o pregunta sin respuesta, no te enganches y solo pasa a la siguiente. Tal vez al principio desconozcas el nombre de tu novela o de alguno de los personajes, pero te aseguro que, entre más escribas, se manifestaran y podrás volver para llenar ese espacio en blanco.

# PARTE 1

# DOCUMENTACIÓN

# IDEA PRINCIPAL

Una idea puede surgir de varias formas, incluso puedes encontrar cientos de ejercicios en línea y en otros libros que te pueden ayudar a activar la imaginación, pero lo que yo recomiendo es desarrollar el arte de la escucha y la observación.

En todo momento, de forma consciente o inconsciente, nos estamos haciendo preguntas. Cuando estamos interactuando con las personas, la forma en la que hablan, las historias que cuentan, incluso su forma de vestir puede brindarnos una idea para un personaje. Las noticias son una gran fuente para cuestionarnos, imaginarnos los hechos en otro contexto y tal vez crear una historia nueva o trama para alguna ya existente. La clave está en activar nuestros sentidos, en ser curiosos y proactivos, en leer mucho, escribir mucho, buscar diferentes alternativas para solucionar un problema.

Aprende a escucharte a estar presente en tus pensamientos y a cuestionarlos también. El mejor ejercicio para obtener buenas ideas es escribir. Mi consejo es que lleves un diario en donde registres todo lo que viste, sentiste y pensaste durante el día, escribe las preguntas que todo lo anterior te puede generar e intenta responderlas de alguna forma creativa, y recuerda que no existe respuesta correcta en un proceso creativo así que no te enganches si no lo logras a la primera sigue intentándolo.

En un párrafo corto escribe la idea en la que se centra tu historia. Tal vez sea un personaje un lugar o una situación. Descríbela brevemente y no te preocupes si mas adelante cambias de parecer, esto es solo un punto de partida.

# HILO CONDUCTOR

Es el tema dominante. Lo que le da coherencia a un texto o historia. Muchas veces este factor está implícito, tras la trama y subtramas.
A la hora de elegir el hilo conductor, piensa en algo con lo que las personas se sientas identificadas

Pensemos en la fábula del pastor mentiroso. El tema es: el daño que la mentira causa en la sociedad. Eso fue lo que el escritor quiso transmitir. Pero eso no significa que todos tus escritos deban tener una enseñanza o moraleja.

Algunos ejemplos de temas podrían ser: Las relaciones toxicas, problemas en la adolescencia, amor a distancia, vida familiar, enfermedades, superación personal, crimen y castigo, justicia, política, religión, entre otros.

Lo anterior puede aplicarse a cualquier contexto o personaje, independientemente si tu historia es de ficción o no ficción.

Un buen ejercicio es tomarse el tiempo de revisar los libros que has leído e identificar el tema dominante. Y lo llamamos así ya que más adelante veremos que puede haber varios temas en una misma historia, pero existe uno que prevalece a lo largo de ella.

**En una frase define el hilo conductor.**

# RESUMEN DE LA IDEA

En este punto vas a profundizar en cada una de las 3 partes que componen tu historia.

**Inicio:** Presenta a los personajes principales. Describe el tiempo, escenario de la historia y revela el objetivo que tiene el protagonista.

**Nudo:** De forma general, describe el problema central al que se va a enfrentar el personaje principal.

**Desenlace:** No tiene que ser un final definitivo, solo plantea la solución al problema.

# NARRADOR

¿Desde qué punto de vista vas a contar la historia?

A continuación, conocerás las opciones para responder a esta pregunta. Reflexiona en ellas y decide cual se acomoda mejor a tu novela y experiencia.

## NARRADOR EN PRIMERA PERSONA

**Narrador protagonista:** el personaje principal cuanta de forma subjetiva su experiencia. Lo que ve, siente y piensa queda a disposición del lector y de esta forma crea un vínculo con él.

**Narrador testigo:** un personaje secundario habla en primera persona y cuenta lo que ve, siente y piensa con respecto a los hechos que rodean al protagonista.

## NARRADOR EN TERCERA PERSONA

**Narrador omnisciente:** es externo a la historia. Distinguido como el que "todo lo sabe" y comparado con Dios por la semejanza de su conocimiento y poder en la historia. Conoce todos lo hechos, pensamientos y sentimientos de cada uno de las personas. Crea sus propias conclusiones y reflexiones de los acontecimientos. Es el tipo de narrador más habitual de la novela y un grandísimo porcentaje de obras maestras están escritas en este punto de vista.

**Narrador observador:** Al igual que el anterior, es un narrador por fuera de la historia, la diferencia es que no tiene los poderes de la omnipotencia y omnipresencia, solo muestra lo que ve como si se tratara de una cámara de cine. No puede acceder a los pensamientos y sentimientos de los personajes.

# NARRADOR EN SEGUNDA PERSONA

Lo dejamos al final porque, a menos que estés escribiendo una epístola, este punto de vista generalmente se usa solo en fragmentos de las historias. Con la escritura de una carta o dirigiéndose al lector, generando un sentimiento de confidencialidad.

Un ejemplo muy común en la actualidad es la forma en como escriben lo blogueros. Estos entablan una comunicación directa con la persona que los lee.

Es un narrador complicado a la hora de estructurar una novela, aunque algunas autobiografías noveladas se dirigen al lector en segunda persona para contar la propia historia del autor, con la idea de que las vivencias y emociones narradas en el libro son cotidianas y podrían ser las de cualquier otro. Así, a través del narrador en segunda persona, el autor logra el efecto de que el lector viva la vida del escritor como si le hubiese sucedido a él.

También podemos emplear los múltiples narradores. Varios personajes contando la historia desde su punto de vista. Incluso podemos jugar combinando la primera, segunda y tercera persona. Incluir cartas, diarios, emails. En fin, el límite lo pones tu.

**Describe en el siguiente cuadro la estrategia para narrar tu historia.**

# TIEMPO

Pasado presente y futuro. ¿En cuál de los tres el narrador va a contar la historia? Incluso puede haber una diferencia entre el tiempo del narrador y el tiempo de los acontecimientos. Un personaje puede estar viviendo en el presente, pero relatar un acontecimiento del pasado o si sus características se lo permiten, relatar acontecimientos del futuro.

Jugar con el tiempo narrativo y los narradores, le da movimiento a la historia, la vuelve dinámica y hace que el lector desee seguir hasta el final. Aquí es donde podemos aplicar el refrán que dice: "no importa lo que cuentas sino como lo cuentas."

**Establece la línea temporal de los acontecimientos.**

# ACONTECIMIENTO DESENCADENANTE

Es el momento en el que se dispara la acción. Lo que altera el estado de normalidad del protagonista y aparecen los cambios y conflictos. En el trascurso de la historia tendremos diferentes puntos de giro, pero el desencadénate es el que le da un objetivo al personaje principal por lo tanto generalmente se revela en el inicio de la historia.

¿Qué situación mueve al protagonista de su estado normal?

# NOMBRE

Elegir un nombre tal vez sea una de las tareas más difíciles, así que mi consejo es tener varias opciones y decidirlo al final.

El nombre generalmente hace parte de la misma historia. Puede ser un lugar clave como en la Saga Millennium de Stieg Larsson. El nombre del protagonista es usado de forma frecuente, un ejemplo muy claro es Harry Potter de J.K Rowling. Busca una característica que describa a los protagonistas o a los hechos como en Los miserables de Victos Hugo. Usar frases largas o refranes que llamen la atención del lector también es una excelente opción. Ejemplo: Crónicas de una muerte anunciada de Gabriel García Márquez.

En el siguiente recuadro escribe las ideas que vallan surgiendo para el nombre. Al final cuando lo decidas resáltalo de la forma que prefieras.

# PORTADA

Lo más probable es que este punto lo dejes a cargo de un diseñador profesional, pero es bueno que visualices como deseas que se vea tu libro ¿Quieres que se minimalista? ¿ilustrado? ¿Solo con palabras? ¿Incluirás alguna imagen? Y entre muchas otras preguntas.

En este espacio vas a describir como imaginas la portada de tu libro. Puedes valerte de portadas ya existentes, no significa que vayas a copiarlas, es más, no lo hagas porque es ilegal. Solo tómalas como referentes, si puedes, pega las imágenes en este espacio y decide que le cambiarias o que adicionarías. De esta forma la persona que valla a trabajar en el diseño puede tener una idea más acertada de tus deseos.

**Describe las características de tu portada.**

**Dibuja o pega referencias del como imaginas la portada.**

# GENEROS

A continuación, encontraras un listado de géneros de novela según su contenido. Escoge el que más se adapte a tu estilo o intenta combinar varios géneros.

# MOMENTOS CLAVE

En este punto vas a ir desarrollando el camino que va tomar tu novela, no hace falta desarrollarlos a profundidad solo apúntalos para tener presente hacia dónde va la historia.

Esto hace mucho más fácil a la hora de escribir el argumento porque solo vas a llenar los espacios que existe entre los puntos.

Intenta pensar al menos tres momentos clave para tu novela. Recuerda que los momentos clave no tienen que ser situaciones de vida o muerte. Pueden ser simplemente momentos de comprensión o de resolución. Eso sí, tienen que tener sentido dentro del conjunto de la novela y estar de acuerdo con el carácter preliminar que has esbozado para tu personaje.

# SUBTRAMAS

Las subtramas son ramificaciones de la trama principal, pero su paso por la historia es más corto. Ocupan un plano secundario, pero por lo general sirven para que la trama principal avance.

Tú decides cuantas subtramas requiere la historia, solo ten cuidado en que realmente si sumen valor a la novela. Si nos pasamos y añadimos demasiadas subtramas, corremos el riesgo de distraer al lector o liarlo hasta conseguir que se aburra y deje de leer.

Las subtramas sirven para: Darle profundidad a la trama y llenar los agujeros que pueda tener, también profundiza en el tema y los personajes. Nos dan momentos tranquilos y tensionastes. Las subtramas son como la sal, hay que usarla en su justa medida; si nos pasamos o nos quedamos cortos, podemos arruinar el plato.

# DESENLACE

¿Hacia qué final diriges la acción?

Un escritor de mapa debe tener claro cuál es el desenlace de la historia. Anota todas las ideas que tengas, incluso puedes tener varias opciones y dejar que en el trascurso de la historia se concluya el final. Pero ten presente que mientras tengas claro a dónde vas no corres el riesgo de perderte.

# PARTE 2

# PERSONAJES

Existen 3 tipos de personajes. Principales, secundarios y figurantes. Cuando vamos a comenzar a estructurar una novela, tener claro las características de los personajes principales, es fundamental. Caracterizar a los protagonistas es como crear a un ser humano. De esta forma evitamos caer en los extremos ya que la idea es que el lector se identifique con las experiencias, sentimientos y pensamientos de los personajes, de lo contrario se van a sentir incomodos si estos son muy buenos o muy malos. Al definir detalles de personalidad creamos personajes grises. Personalidades reales que conecten con la humanidad de quien nos lee.

Para hacer esto la mejor forma es: sentarte a imaginar que estas entrevistando a alguien.

Existen varios formatos para caracterización, pero a continuación dejare una ficha básica para cada tipo de personaje.

Foto<br>de<br>referencia

# PERSONAJE PRINCIPAL

Nombre________________________ Edad ____

Lugar de Nacimiento________________

Lugar de vivienda ______________________

¿Cual es su ocupación o trabajo? ________
________________________________________

¿Es pobre, rico o de clase media? ________

¿Tiene mascotas? si la respuesta es afirmativa, ¿cúal es su nombre?
y ¿comó es su relación? ________________________________
________________________________________
________________________________________
________________________________________

Árbol genialógico

Describe quienes son sus padres, si tiene hermanos, abuelos o hijos.

¿Comó es la relación con su familia?

________________________________________
________________________________________
________________________________________
________________________________________
________________________________________
________________________________________
________________________________________
________________________________________
________________________________________
________________________________________
________________________________________

# CARACTERÍSTICAS FÍSICAS

Estatura_____________ Peso__________ Linaje _________

Color de piel ____________________

Características de los ojos _______________________

Rasgos distintivos _______________________

¿Usa gafas o lentes de contacto? _______________

Características del cabello _______________________

Características físicas extrañas o únicas _______________

Estilo para vestir _______________________

| Referencia de vestuario | Referencia de vestuario | Referencia de vestuario |
| --- | --- | --- |
|  |  |  |

Hábitos (fumar, beber, comer de forma compulsiva, etc.) _________

Estado de salud _______________________

¿Qué le gustaría cambiar en su apariencia? _______________

Defecto físico más grande _______________________

Cualidad física mas grande _______________________

¿Cómo se persibe el personaje a si mismo, físicamente? _________

# ATRIBUTOS INTELECTUALES

Nivel de estudio ——————————————————————
Nivel de inteligencia ————————————————————
Habilidades ——————————————————————————
Cosas que no sabe ——————————————————————
Metas a corto ————————————————————————
Metas a largo ————————————————————————
¿Alguna enfermedad mental? ——————————————

## PERCEPCIÓN

¿Qué piensa de la humanidad y como actúa en consecuencia? ——
——————————————————————————————————
——————————————————————————————————

Puntos de vista políticos ——————————————————
——————————————————————————————————
——————————————————————————————————

Religión / filosofía de la vida ————————————————
——————————————————————————————————
——————————————————————————————————

Lo mejor que le ha pasado a este personaje ————————
——————————————————————————————————
——————————————————————————————————

Lo peor que le ha pasado a este ————————————————
——————————————————————————————————
——————————————————————————————————

## MOTIVACIÓN

¿Qué quiere? ————————————————————————
——————————————————————————————————
——————————————————————————————————

¿Por qué lo quiere? ——————————————————————
——————————————————————————————————
——————————————————————————————————

¿Hasta dónde está dispuesto a llegar para conseguirlo? ————
——————————————————————————————————
——————————————————————————————————
——————————————————————————————————

# HISTORIA DE FONDO O BIOGRAFIA

# DESCRIBA SU RELACIÓN CON OTROS PERSONAJES

# ARCO DE TRANSFORMACIÓN

# PERSONAJE SECUNDARIO

Nombre _______________________ Edad _______________

Lugar de Nacimiento _______________________________

Lugar de vivienda _________________________________

¿Cual es su ocupación o trabajo? __________________

¿Es pobre, rico o de clase media? __________________

## MOTIVACIÓN

¿Qué quiere? _____________________________________

¿Por qué lo quiere? _______________________________

¿Hasta dónde está dispuesto a llegar para conseguirlo? _______

## DESCRIBA SU RELACIÓN CON OTROS

## HISTORIA DE FONDO O BIOGRAFIA

# OTROS PERSONAJES

| Nombre | Edad | Descripción |
|--------|------|-------------|
|        |      |             |
|        |      |             |
|        |      |             |
|        |      |             |

# PARTE 3

# UNIVERSO NARRATIVO

El objetivo de una novela es transportar al lector a un mundo diferente. Un mundo que nace en nuestra imaginación. Pero para que esto sea posible debemos construir al detalle cada aspecto del universo narrativo. No importa que tan fantasiosa sea nuestra historia, el lector debe sentir que todo es real. Es por eso que el lugar donde se desarrollan los hechos es tan importante como el personaje principal, especialmente si este es un mundo imaginario.

La siguiente actividad es semejante a la ficha de personajes. Imagina que los lugares principales de la historia tienen vida. Un pasado un presente y un futuro. Cada sitio posee una personalidad, un olor particular, paisajes excepcionales, normas de convivencia, costumbres, etc.

Este punto solo se aplica para los libros de ficción, pero no importa si los lugares son imaginarios o reales. Es cierto que al hablar de países o ciudades conocidos muchas de las preguntas pueden evitase, pero dependiendo de la época o que tanto conozcas la historia de este lugar, debes entrar a la fase de investigación y conocer cada detalle como si de tu ciudad natal se tratara.

Tomate tu tiempo, busca inspiración y crea el universo perfecto para que tu historia cobre vida.

## FICHA DEL UNIVERSO NARRATIVO

¿Qué etnias existen en el mundo?

Rasgos culturales

Idioma

Arte

Alimentación

¿Qué comportamiento social tienen entre si?

Razas (en caso de que existan razas fantásticas)

¿Cómo son?

¿Cómo Hablan?

¿Como se ven?

¿Cómo huelen?

¿Cómo se visten?

¿Qué comen?

¿Cómo se relacionan entre ellos y con los demás?

Nivel tecnológico que tienen las diferentes civilizaciones

Tipo de energía(iluminación) que usan los habitantes

¿Territorios que existen y cómo están divididos?

¿Qué política se ve en cada reino? (investigar sobre política)

¿Quiénes son los máximos mandatarios?

¿Qué guerra hubo o habrá?

¿Qué tipo de transporte usan?

¿Qué religiones hay en el mundo?

¿Hay fanatismo religioso?

¿En que se basa la economía? (dinero, intercambio, tiempo)

Tipo de moneda _______________________________________

¿Qué importancia tiene el dinero? _______________________

¿Cómo son las relaciones comerciales? (¿Cuál es el fuerte de cada territorio para comercializar?) _______________________

¿Qué se considera un oficio respetable? _______________________

¿Existe la magia? y de ser así ¿Cómo funciona? _______________________

¿Qué lenguas hablan sus habitantes? _______________________

¿Qué estatus sociales existen? _______________________

Festividades que celebran _______________________

¿Cómo se alimenta cada clase social? _______________________

¿Cómo se divierte cada clase social? _______________________

Filosofía que comparten _______________________

¿Qué nivel ha alcanzado la ciencia? _______________________

¿Cómo está de avanzada la medicina? _______________________

¿Qué fauna hay en el mundo? _______________________

¿Qué flora hay en el mundo? _______________________

¿De qué forma el ser humano ha impactado en el ecosistema? _______________________

¿Qué calendario usan? _______________________

¿Cómo es el mundo más allá del planeta? _______________________

¿Qué ha descubierto la astronomía? _______________________

¿Momento histórico en el que se basa la historia? (¿antes, después, o durante la gran guerra?) ______________________________

_______________________________________________________

¿Cómo influye en los personajes? _________________________

_______________________________________________________

¿Existen los videojuegos? _________________________________

¿Cómo son?_____________________________________________

_______________________________________________________

¿Cómo son vistos por la gente, son aceptados o rechazados? _______________

_______________________________________________________

¿Qué clase de ética rige en la sociedad? ____________________

¿Existe la imprenta? _____________________________________

Medio de comunicación___________________________________

¿Cómo funciona la educación?_____________________________

¿Es fácil o difícil acceder a la educación?___________________

¿Qué clase de riqueza cultural tiene cada sociedad?___________

¿Qué tipo de cultura general tiene la gente? ________________

¿Qué grandes hallazgos han tenido?________________________

¿Qué mentalidad tiene la gente común? ____________________

Grandes figuras históricas que son veneradas u odiadas

_______________________________________________________

¿Quién tiene el mejor poder militar y económico?____________

¿Qué relación tienen los protagonistas de la historia con todo lo que está en el universo narrativo?_______________________

_______________________________________________________

¿Te gusta el mundo que has creado? _______________

Fenómenos naturales _______________

Cercanía entre los habitantes y la naturaleza _______________

¿Hay mascotas y cómo son tratadas? _______________

Recursos reales que existan también en la historia _______________

¿Cómo son las fronteras tanto físicas como políticas? _______________

¿Cómo vive y celebra el pueblo de acuerdo al mandatario que los gobierna? _______________

¿Cómo es tratado el sexo femenino? _______________

¿Cómo es tratado el sexo masculino? _______________

¿Qué trato se le da a la diversidad? _______________

¿Hay trastornos o síndromes que no estén en nuestra realidad?

¿Qué importancia tienen los cuerpos de seguridad? _______________

---

¿Existen visión como las drogas, el alcohol, o la prostitución?

¿Con qué frecuencia la gente recurre a ellos? _______________

¿Qué tipo de droga hay? _______________

¿Según la clase social como se usa? _______________

Todas estas preguntas esta enfocadas para historias de fantasía o ciencia ficción ya que son los géneros que requieren más estructuración a la hora crear un universo narrativo.

De igual forma puedes adaptar varias de ellas según el genero que necesites o inventar nuevas preguntas según tus necesidades.

# PARTE 4

# ARGUMENTO

El argumento es el conjunto de acciones y reacciones que suceden en la historia.

Ahora tienes todas las herramientas para saber de forma general que es lo que va a suceder, cuál es el problema a resolver y que acciones tomaran los personajes para hacerlo. El argumento es contar la historia sin diálogos, sin detalles de lugares y personas, o sin sumergirse en los pensamientos y emociones de los personajes.

Después de tener este punto bien realizado, llega la hora de escribir el primer borrador. Al tener el argumento puedes identificar fácilmente como dividir las acciones por capítulos. Una buena forma de escribir el primer borrador es tener los capítulos en archivos separados, de esta manera editarlos va a ser mucho mas fácil.

Al terminar de escribir y editar el manuscrito ya tienes tu libro terminado y solo queda decidir lo que deseas hacer con él.

Para ayudarte a tomar esta decisión puedes buscarme en Instagram como: cofredeherramientas
Allí encontraras mas consejos y herramientas que te ayudaran a escribir, publicar, y encontrar el mejor destino para tus historias.
Pero espera...

Aun no emos terminados.

En la ultima parte voy a explicarte un paso adicional que personalmente hace que mi escritura sea más fácil.

# PARTE 5

# GUION

Este punto se familiariza con la escritura de un guion literario para proyectos audiovisuales, pero lo vamos a adaptar para que sea una herramienta que facilite el proceso de la escritura de nuestra novela. Lo siguiente recomiendo hacerlo de forma digital, pero igual organízate como sea más cómodo para ti.

Con el argumento completo vamos a escribir las acciones y reacciones como si fuera una lista. Podemos escoger un color específico para ello. Luego con otro color, llenas los espacios describiendo lo que debe sucedes para pasar de una acción a otra.

Para finalizar. Analiza en que acciones debe haber diálogos y Comienza con la primera versión de estos. En este punto no tiene que ser perfecto, ya después vendrá la corrección de estilo según el personaje, lo único que debes hacer es darle sentido a las acciones.

Este paso se hace en tercera persona. No es muy necesario ya que después de haber desarrollado todo lo anterior, tienes el material necesario para terminar tu historia de forma exitosa, pero si de pronto eres como yo y se te dificultan los diálogos, hacer este ejercicio te va a ayudar mucho. No pienses demasiado en ser perfecto solo déjate lleva, imagina que estas escuchando a dos personas hablar mientras transcribes todo lo que dicen.

Ahora si estas listo para comenzar con tu primer borrador.

Deseo pronto leer tu historia.

Muchos éxitos.

www.ingramcontent.com/pod-product-compliance
Lightning Source LLC
Chambersburg PA
CBHW071449150726
48000CB00006B/2490